प्रभात

मयूर पाण्डेय

ISBN 979-888569817-7

अपने माता-पिता

और गुरुओं

के चरणों

को समर्पित

क्रम-सूची

क्रम-सूची

क्रम-सूची

मंगचरण

बंदउँ गजानन विघ्नेश्वर।
जगतपति परम परमेश्वर।।
लंबोदर प्रथम पूज्य देवा।
सेवूँ तुमको साथ ले मेवा।।
कृपा करहु गणनायक मोपर।
सुफल होइ कबित्त सब ऊपर।।
ऋद्धि-सिद्धि के पति परमेश्वर।
शंकरसुत गणेश जगदीश्वर।।

भूमिका

यह पुस्तक मेरे द्वारा रचित ५१ कविताओं का संग्रह है। ये कविताएँ समाज के अनेक क्षेत्रों की यात्रा करती हैं। यथा– गरीबी, शिक्षा, पर्यावरण, प्रकृति, अध्यात्मिकता, भक्ति, आशा, इत्यादि। यद्यपि इस पुस्तक को भूमिका की आवश्यकता नहीं है तद्यपि मैं यह लेखन उन लोगों के लिए कर रहा हूँ जो पुस्तक के पूर्व एक ठोस भाव-भूमि की अपेक्षा करते हैं, जिसपर वे सहजता से उतरकर कवि के मानस निर्मित मार्मिक संसार के सौंदर्य का दर्शन करने के निमित तैयार हो सकें।

काव्य संग्रह में मेरी कविताएँ 'प्रभात' शीर्षक से प्रकाशित हो रही हैं। 'प्रभात' से मेरी दो अपेक्षाएं हैं जिसके कारण मैंने यह शीर्षक चयनित किया है। प्रथम यह पुस्तक मेरे द्वारा रचित अब तक की समस्त कविताओं का संग्रह स्वरूप है। इस निमित यह मेरे कवि जीवन का प्रभात सिद्ध हो।

और दूसरा मनुष्य एक सामाजिक जीव है। वह सामाजिक आधार के बिना अधूरा है। अरस्तु ने कहा था, 'यदि कोई समाज के बिना रह सकता है तो वह या तो देवता है अथवा दैत्य।' प्रत्येक समाज में परिवर्तन की संभावना तो रहती ही है। समाज में जो भी कुरीतियाँ, अनैतिक सिद्धांत, इत्यादि हैं वे सभी हटाए जाने चाहिए। यही कार्य एक कवि का है। अनैतिकता, कुरीतियों, अंधविश्वासों, इत्यादि का उन्मूलन कर सभ्य, सुसंस्कृत, आदर्श समाज की स्थापना हेतु प्रयत्न करना। इन कविताओं में मैंने प्रयत्न किया है कि समाज में व्याप्त कुरीतियों को इंगित करते हुए काव्य के माध्यम से उन्हें हटाने का प्रयत्न करूँ।

ईश्वर कृपा से 'प्रभात' भारत के वर्तमान मे प्रभात लाये। आशा है कि आप को यह काव्य संग्रह 'प्रभात' अत्यंत प्रिय लगेगा।

श्री राघव कृपा

मयूर पाण्डेय

1. नई सुबह

(यह मेरे द्वारा कक्षा ५ में लिखी गई पहली कविता है)
सूरज आया, चांद गया,
दिन आया, रात गई,
रोशनी गई घोसले में,
पंछी आए नए हौसलों से
और अपने पर फैलाकर
घूमने वे सब निकल गए।

2. राजनीति या कूटनीति

राजनीति, राजनीति, राजनीति
या कहूँ मैं सोची समझी कूटनीति
निरत हूँ स्थितिप्रज्ञ होने के लिए
स्थितप्रज्ञ अभी तक हो नहीं सका हूँ।
किस तरह स्थितप्रज्ञ होऊँ उस सभा में
जहाँ ईमान चढ़ा हो सबका हवा में?
निज शावकों को, अपने जनों को,
जो सदा प्रसन्न करना चाहते हों
उनके बीच कैसे रोकूँ हृदय का क्रंदन
कैसे करूँ उचित समय पर उनका वंदन।
किस तरह क्षमा करूँ सहोदर को
या कहूँ सहोदर ही शत्रु है?
न जानूँ एक भी मैं सत्य को
कि वे सत्य हैं या कर रहें हैं राजनीति
वह राजनीति है या की कूटनीति।

3. स्वार्थ

आदिकाल से ही सब पड़े हैं स्वार्थ में
किस तरह कोई अस्वार्थी कह पुकार दे
मीठे वचनों से लोग सम्मोहित कर लेते हैं।
कार्य होने पे दुग्ध-मक्षिका जैसे फैंक देते हैं।
यदि आज कार्य हो तो कल हमको त्यज देंगे
यह कलि-मल-व्याप्त 'कलि' नर है
इसमें सतयुग नर व्याप्त नहीं।
हम इस स्वार्थ को त्यज नहीं सकते हैं
हाँ! पर इस स्वार्थ हेतु विश्व-त्यज सकते हैं।
क्योंकि निज हृदय में उत्पन्न विचारों को
असत्य अधर्म स्वयं कैसे कह सकते हैं?
चाहे हमको विश्व से लड़ना ही पड़े
चाहे हमको विश्व से झगड़ना ही पड़े
पर अपने को गलत न कह सकते हैं।

4. भावावेश

कल बैठ सोफे पर निज गेह में
याद करता हृदय से, जो है देह में,
इतिहास के सब पृष्ठों में
भावावेश के प्रमाण मिल सकते हैं।
पर क्या हानि क्या लाभ है
हमको ऐसे आवेश से
जो ध्वस्त कर दे नेह को।
उत्पन्न करे अंधकार की प्रीति को।
चार आखर प्रेम के हार्दिक अभिनंदन करें
तो हम तो बह जाएंगे प्रेम में।
सोचते-विचारते वह प्रेम बड़ा करता मुझसे
और स्वप्न में भी विरह उचित नहीं है।
इसीलिए मैं कहता हूँ दूर रहें भावावेश से।

5. अंतिम शर्वरी

शरद शीतल श्याम शर्वरी के
अंधकार में अपनी वास से
सौरभमय कर दे वात को
पुनः प्रातः प्राण को कर दे आकर्षित
है उसमें औदात्य ऐसी।
श्वेतवर्णी शेफाली है
उसका विश्व प्रख्यात नाम।
मानव मानस के अंतःकण में
निज वास से जो स्थान पाए
है वही एक पारिजात।
रात्रि को निज वास से
सुगंधित कर ले जो
है वही एक हर चंदन।
और जो चढ़े हर-चरणों पर
है वही एक— हरश्रृंगार।
हर को भी प्रिय उनको भी प्रिय।
एक मानव भी इनमें से
आकर्षित थे पुष्प-वास पर
आजन्म सूँघते थे उसे निज आगा से।
साँझ के रक्तवर्णी
वितानवासी, सर्व-ज्ञाता,
सूर्य के रक्त तेज से

काल बदला। मध्यान्ह से साँझ आयी
और श्वेत-केसरी के एक बार पुनः
वास फैलाने की बात आई।
प्रति दिन भाँति पुनि वास फैली; दश-दिशि।
प्रत्येक पुरुष को नवल पौरुष देने के लिए
सदा की भाँति वे वहाँ लेटे थे।
परंतु आज उनकी घ्राण शक्ति
स्तब्ध थी, अप्राण थी।
इसलिए वह आज उस वास को
घ्राण करने में असमर्थ थे।
विमुक्त थे पुष्पवास से।
हाँ! पर आज भी वे वहीं थे।
अचल, स्थिर, स्तब्ध
रुके, ठहरे और लेटे।
क्योंकि यह उनकी अंतिम शर्वरी थी।

6. सिगरेट की कश

प्रस्थान पर प्रस्तुत पान
की दुकान।
समक्ष सदन सदा से
मेरे मकान-ए-द्वार।
सदा सदन समक्ष सिगरेट
की कश पर आते यौवन महान
कोई सुरती, कोई चिलम,
कोई बीड़ी,कोई ताम्बुलम्।
सदा समूह से सज्ज
वह पान की दुकान।
प्रस्तुत पावन पान की दुकान।
सज्जनों से सज्ज सदा
पान की दुकान पर
प्रसाद पान-पाता नहीं
ना ही कभी लेता था
मादकता-युक्त वस्तु।
पर प्राण को प्रसन्न करने वाले
मित्र मेरे मरीज होते।
प्रतिदिन प्राण-घाती वस्तु खाते।
मादक युक्त खाते वस्तु।
देते मुझे भी कहते, "वस्तु
खाकर, खोओ ख्वाब के

संसार की मधुर महफिल में।
आकाश-आकर आज तुम
होओ लुभाते लुफ्त-गुम।"
पर प्रिय से न लेता था कभी
मादकता-युक्त वस्तु।
पर प्राण पर प्रतिघात करती
मादक की वस्तु।
खा कर अस्पर्शी वस्तु
जर्जर हुआ मित्र मेरा।
आ पहुंचा अस्पताल में।
मैं मरते मित्र में मन की
बात को रोज था भरता।
बताता था कि यह नशा
नकारा बनाता है हमेशा
तथा हतशा देता है।
पर मेरे मित्र ने नहीं
मानी बात मेरी।
आज इस संसार से
अपना नता तोड़ा।
सुख लेने हेतु मुख्य मोड़ा।
इसलिए इसके इश्क में मत मरा करो
और नशा मत करा करो।

7. अर्धकुंभ में आमंत्रण

प्राचीन काल में समुद्र मंथन से

निकले अमृत कलश से छलकी थी

चत्वार बूँदें पावन अमृत की।

एक बूँद उसकी थी छलकी इस धरा पर।

नाम भूमि का है पावन प्रयागराज

आह्वान करता हूँ मैं तुम्हारा,

भूमि पर जो गेह मेरा।

आओ बसो देखो धरा की,

श्रद्धा का पावन किनारा।

त्रिवेणी घाट, बलुवा घाट, सरस्वती घाट।

यहाँ अनेकानेक प्राचीन देवालय हैं बसते।

बारह माधव, मनकामेश्वर हनुमत् निकेतन

और बंधवा हनुमान हमारे।

आदि शक्ति के कमल कर की,

अंगुली गिर पावन बनाती

जिस जगह को, नाम है उनका-

अलोपशङ्करी।

आदि माधव, वेणी माधव,

शङ्ख माधव, अनन्त माधव,

असि माधव, मनोहर माधव,

बिन्दु माधव, गदा माधव,

चक्र माधव, संकटहर माधव।

है यहाँ द्वादश माधव का
श्रद्धापूर्ण पावन गेह।
पवन तीन चलती अधीर
देख पावन धाम रमता शरीर।
जिसकी रमणीयता में रमता,
मनुज होता प्रतिपल अधीर।
आगे है क्या पावन श्रद्धा धाम?
क्या है मनुज का वहाँ काम?
प्रतिपल होता वह गिराहीन
मानस का विरचित धर्म कुलीन,
जब कल्पवास वह करता है,
पुण्य कमाकर मरता है।
और उसी पुण्य से,
वैतरणी से वह तरता है।
राम नाम चतुर्दिक चलता है।
सुमधुर सुवर्ण कर्ण में पड़ता है।
धर्म नाम धाम में चलता है।
मौनी अमावस्या पर लोग मज्जन करते हैं।
और पावन पुण्य निज खाते में गहते हैं।
इस पावन धरा को शत् शत् प्रणाम।
इस प्राचीन धर्म को शत्-शत् प्रणाम !!

8. प्रतीक्षा

प्रतीक्षा! कर रहा हूँ मैं प्रतीक्षा।
तब भी और अब भी।
सदा से कर रहा था मैं प्रतीक्षा।
आदि से अंत तक करना है बस प्रतीक्षा।
प्रतिक्षा! प्रतिक्षा! प्रतिक्षा!
बाल्यकाल में खिलौने की प्रतीक्षा।
कभी कंदुक, कभी गाड़ी,
कभी नौका, कभी वायुयान
की थी प्रतीक्षा।
क्षुधा ग्रस्त होने पर दुग्ध की प्रतीक्षा।
मेले वाले खेल यंत्रों की प्रतीक्षा।
कभी आधुनिक स्वचलित यंत्रों की प्रतीक्षा।
साँझ हो तो मनोरंजन की प्रतीक्षा।
किंचित् बड़ा होने पर भी थी प्रतीक्षा!
विद्यागेह जाने की, वहां से लौट आने की।
करता था मैं सदा ही परीक्षा की प्रतीक्षा।
पुनः परीक्षा के परिणामों की रहती प्रतीक्षा।
समय बीता; कक्षा अष्ट जीता
नव-दश-एकादशी-द्वादशी के परिणामों की
एकाएक बनी निरत रहती प्रतीक्षा।
बाल्यकाल के अंत में यौवन की प्रतीक्षा।
अब यौवन में हैं ये प्रतीक्षा।

प्रतीक्षा! कर रहा हूँ मैं अभी प्रतीक्षा।
हाँ! तब भी थी, अब भी है; जीवन है प्रतीक्षा।
यौवन में प्रेम की बढ़ती प्रतीक्षा।
स्त्री के लिए नौकरी की प्रतीक्षा
नौकरी के लिए स्नातक की प्रतीक्षा
और जब सब हो जाए तब
एक सूत्र में होने की प्रतीक्षा।
ब्याह के पश्चात् शिशु-बालकों की प्रतीक्षा
समय आने पर उनके
विद्यालय गमन की प्रतीक्षा।
और फिर उनके स्नातक की प्रतीक्षा।
पुनः संतति के ब्याह नौकरी की
बनी नीरत रहती प्रतीक्षा।
समय चक्र में प्रोढ़ता को चीरने की प्रतीक्षा।
पश्चात् वृद्धावस्था की होती हैं ये प्रतीक्षा।
वृद्धावस्था में पौत्रों की प्रतीक्षा
उनके सम्यक विद्या की प्रतीक्षा
कालांतर में उनके स्नातक की प्रतीक्षा
यदि पौत्रों का ब्याह हो तो उत्तमोत्तम
और उसकी प्रतीक्षा।
पर सदा बुढ़ापे की जर्जरता
भुला देती इन सब की प्रतीक्षा।
शेष बची है मृत्यु की प्रतीक्षा
भला हो यदि मिले मोक्ष।
हाँ! इसकी भी प्रतीक्षा।
सदा प्रतीक्षा करता हूँ
पर, हे पाठक! कौन हूँ मैं?

आज तक अनभिज्ञ हूँ निज से!
अनभिज्ञता का भान करता निज में।
पर विश्व कहता है
हाँ! वही मिथ्या निहित विश्व
निर्मित है जो माया से
कथन है उस विश्व का
मनुष्य अर्थात् मनु का
अवतंश हूँ मैं।
आया हूँ बताने एक राज़ तुमको।
मैं सदा का ही अकेला
प्रतीक्षा मात्र साथी है।
इस भवरूपी व्यूह में
इस मिलन तक वही साथी है।
ईश्वर को पाया नहीं तो वही साथी है।
बचना है यदि उसे तो बस प्रतीक्षा साथ देगी
और इसी प्रतीक्षा से हर सुख मिलेगा।
क्यों करता हूँ मैं प्रतीक्षा?
क्या मिलेगा करके प्रतीक्षा?
क्यों करता था, हूँ, रहूँगा प्रतीक्षा?
शायद इसलिए कि मीठा होता है
प्रतीक्षा का फल।
सदा ही चिंता करता हूँ, कारण प्रतीक्षा?
फल मिलेगा या रहेगी बस प्रतीक्षा?
यह चिंता है या प्रतीक्षा?
शायद चिंता प्रतीक्षा जनित है!
निश्चित ही दोनों संबंधित हैं।
कारण है यदि वस्तु न मिले

तो प्रतीक्षा से होगी चिंता
अतः सिद्ध है कि प्रतीक्षा और चिंता
एक ही हैं
जैसे 'क' और 'ख' दोनों 'हल्' ही हैं
अब समझ पाया हूँ
क्यों करता था, हूँ, रहूँगा प्रतीक्षा।
क्योंकि प्रतीक्षा का फल मीठा होता है
मीठा सुख देता है
सुख आनंद का आभास है
हर अंश अपने अंशी को चाहता है; और
आनन्दो ब्रह्मेति।

9. अंतर्द्वंद

धू-धू करती आग लगी है
कारण छोटी-सी चिंगारी
छल, छद्म और द्वेष हैं कारण
आवश्यक है करना वारण
रिश्तों को मीठे भावों को
तोड़ दिया है नातेदारों ने।
कभी भाव गाढ़ा होता था
आज तो दिखता दुखांत नहीं।
कल तक मेरे हिय-आँगन में
पंछी कलरव करने आते थे
वरद-उपवन में गीत खुशी के,
गीत उल्लास के रोज सुनाने आते थे।
आज इसी कोकिल कूजित उपवन में
करुण स्वभाव का दारुण दुःख दिखता है।
जिस उपवन-सर में कमल खिले थे
आज वहीं बड़वानल है।
दारूण दुःख से जिनको हम निकालते
वे ही हमको दुख में डालते।
धू-धू करती आग लगी है
कारण छोटी-सी चिंगारी।
नहीं जानता था कि लंका के गद्दार यही
नहीं जानता था कि छूरी मारने वाले यार यही

जिन पर निज समान प्रेम था।
प्रतीति भी थी निज समान ही।
जब रणभूमि में क्रुद्ध युद्ध
शंखनाद करे रुद्ध अशुद्ध
तब देखते हैं दृग बार-बार
शंका है निश्चित हार-हार
अरिदल के देखते द्वार,यार
हृदय विदीर्ण होता पार-पार
दारूण दुख कर रहा विकल
अहरह रह भेद ले दल से निकल
अरिसेना को संबल देते हैं बार-बार
वर्षों तक चली मैत्री में पड़ी दरार
अब तो इस रण में मेरे हैं प्रभु श्रीराम
संबल मेरा हैं वही रूप अभिराम।
द्वापर में अर्जुन डरा, नहीं डरना है
अब कंधों पर आ पड़े वही सहना है
अरिदल का मर्दन करना है
संगी गद्दारों का मर्दन करना है
अभय बनकर भय तर्पण करना है
आज अरिदल का मर्दन करना है।

10. भग्नावशेष

प्रिय! तुम मेरी जीवन में आज से
तीन वर्ष पूर्व आए थे।
मैंने तुम्हें प्रेम के अश्रुओं से पूजा
संग रहने हेतु नए संसार की रचना की
और आज तुम मुझे छोड़ कर जा रहे हो
जब मुझे सहायता की सबसे अधिक आवश्यकता है!
ठीक है जाते हो तो जाओ मैं तुम्हें नहीं रोकूंगा
पर एक बात याद रखना अगर तुमने एक बार
दहलीज पार कर ली मेरी अंतरात्मा को लेकर चले गए
तो फिर कभी यहाँ वापस आने की मत सोचना
क्योंकि यह तुम्हारे निकलते ही खंडहर बन जाएगा
और तुम्हारा स्वागत करने केवल मैं रहूँगा
मेरे पास कुछ नहीं अंतरात्मा भी नहीं!

11. प्रकृति

गोधूलि की गात पर
कमलनयनी! तुम आदि से
सर्वसुंदरी हो।
सरिता साड़ी पर मीनाकृति बसती।
संसार की शोभा-आभा
तव कृपा धरा पर बरसती।
सूर्य की आभा अरुण
सिंदूर है मांग का।
जो लता लटकी तने से
केश हैं वे सब तुम्हारे।
पर न जाने आज क्यों ऐसा हुआ?
पंकज काजल विषाक्त
अमराइयाँ सब हैं प्रदूषित।
देश की, इस विश्व की
हवा भी तो है प्रदूषित।
शायद इसी को देख बरसा
तुम्हारी नयन से अश्रु
बना वह अम्ल।
देखकर शायद सहमी हुई काँपी
सहसा हुआ भूकंप।
भाँपती हो हम मनुष्यों का
परम कुकृत्य।

और चेताती हो,
"यदि सहमने मात्र से
संसार में प्रलय होता है।
तो फिर तुम
यदि छोड़ अबला रूप
बन दुर्गा।
उठा कर खड्ग
संहार करोगी संसार में
तब हमारा अंत होगा
प्रलय नहीं, प्रकोप से।
उसके प्रभाव से जिसे हमने
हमारे उत्थान के लिए बनाया था
वही संसार की समाप्ति का कारण है।

12. रोटी

छः मास तक श्रम सिंचन का परिणाम गेहूँ।
कृषक के अथक परिश्रम का परिणाम गेहूँ।
उसी गेहूँ के चूर्ण से रोटी बनाते,
और फिर अपनी उदर-क्षुधा को बुझाते।
मास भर तक तन तपा कर श्रम किया
उसी परिश्रम की महत्ता ने धन दिया।
उसी धन का सदा हम उपयोग करते
निज उदर को अन्न जल से तृप्त करते।
पर उदर जिनके पास है धनागार,
या धरा है पास जिनके अन्न कोषागार,
वे जठर की अग्नि से हैं अपरिचित।
अश्रु, स्वेद, क्षुधा की व्यथा से हैं अपरिचित।
है नहीं जिनके हिय में रोटी के लिए सम्मान
करते सदा अन्न का धन मद में अपमान।
यदि तुम अन्न महत्ता जानने की तृष्णा हो धरते।
तो पूछो उनसे जो सड़क पर तिल-तिलकर मरते।
पूछो कृषक के परिश्रम से
पूछो पालक के सुधर श्रम से,
जो पूर्ण-वासर कार्य करते
पर हैं रोटी के लिए सदा ही मरते ।
दो वक्त के रोटी की कीमत पूछो उनके हकदारों से
नहीं उनसे जो धन-मद में चूर, देश के गद्दारों से।

तो एक विनती कर रहा हूँ युग्म कर को जोड़कर
अन्न-महत्ता समझो, मत बढ़ो कविता-अर्थ छोड़कर।

13. प्रेयसी

हे प्रिये! सौष्ठववदन
कोमलकमल की स्निग्धता,
रक्तवर्णी ओष्ठव तव।
प्रेमनिर्मित तव हृदय है
जिसमें बनी मूरत हमारी।
स्वीयता है धागा, वही जोड़े हुए
प्रेममय मोती हमारे
प्रथम मिलन संग कई यादें।
कमनीयता अलख सुख
का उद्गार करती।
कौशिक अम्बर से आच्छादित कलेवर
कलेश हरता, जीवन के सुखद पक्ष
का वरण करता।
हे प्रेयसी!
यह रूप जाज्वल्य है
चितवन जितना करूँ
उतना ही कम।
मदिरा की भाँति, नहीं लगता इसपर
उपयोगिता ह्रास का सिद्धान्त।
तुम्हारी वह मधुर मुस्कान
हमारे उर चलाती प्राण।
स्पन्दन तुम्हारे उर में चले

चेतना हमारी गूँज उठे।
हमारा-तुम्हारा यह प्रेम
आत्मीय हो उठे।
सरलता हो मूल, आत्माओं का खेल,
शरीर नश्वर है, नष्ट होगा।
संभव हो जन्मों तक आत्माओं का मेल।

14. वृद्धा

शिशु को पालती हैं माँ।
प्रेम की गंगा बहाती हैं माँ,
ममता, वत्सलता सब का रस चखा कर
पालती हैं, पोसती हैं माँ।
जब बालक बड़े हों
औ' सम्मान दें
तो वृद्ध जीवन में भी
जवाँ हो जाती है माँ।
पर न जाने आज क्यों ऐसा हुआ?
जवानी में बेटे छोड़ देते हैं माँ को।
तनय हैं वे; सहारे बनेंगे
ऐसा बना विश्वास टूट जाता है।
वर्षों की बूढ़ी आखों से
दशकों का स्राव छूट जाता है।
स्राव हैं उस वेदना का
जो टूटते विश्वास के कारण
जन्मती है।
स्राव है उस दारूण क्लेष का
जो छूटते रिश्ते के कारण
जन्मती है।
एक विनती है मेरी
माता-पिता का ध्यान रखें

ठीक वैसे ही जैसे उन्होंने
आपका रखा था जब आप छोटे थे।
और यदि बुढ़ापे में रखने में असमर्थ हों
तो यही असमर्थता
धरा पर आने के पूर्व भी दिखाया करें।

15. गुरुतत्व

(गुरुकृपा से)

गुरुतत्व वह परमतत्व है
जिसके चरणों की धूलों से
हर कण बन जाता पंकज
जिसके वरद कर से कर्म बदलता
शिष्यत्व हो जाता निर्मल।
नित्य दिव्यता का गौरव ले
दिव्य बनाता गुरु शिष्य को
अविचल, अविकल कमल करों के
आशीर्वाद से होता है उत्थान समाज का।
सरल सुगम ईश्वर का पथ बतला
वह आर्यदेव सज्जन मनुष्य है
सार सभी सुपुराणों का ।
गुरू तत्व वह प्रथम तत्व है,
जिसके कारण शिष्य हृदय में
अच्छे-अच्छे आचारों का,
निज हृदय उत्पन्न विचारों का
सम्यक्-संचार-मनोरम होता।
यह वही गुरू है जो
अपने शिष्य को अमारात्रि से
घने वनों से, मोहमयी इस वृहद जाल से
आजाद करालाता।

उसका उत्थान गुरु की प्रतिभा-प्रभाव।
एक पिपिलिका छोटी-सी,
वह नहीं पार कर पाती नदी को।
पाकर गुरू का वह प्रसाद ही
क्षण में लाँध लेती सागर
पारब्रह्म का विशद विवेचन
उपनिषद् रूप में ज्ञानार्जन
यह बड़े भाग्यवालों को मिलता है।
भवसागर के नाव खेवइया,
पारब्रह्म को प्राप्त कराने वाला
गुरू श्रेष्ठ है, ऐसा निगमागम वेद
सभी काल में कहते हैं।
गुरु तत्व तो बड़े भाग्यवालों को
प्राप्त हुआ करता है।
और पारब्रह्म का एक रूप
गुरु नाम से धरती पर रहता है।
प्राचीन काल में आश्रम में श्रम कर,
विद्या प्राप्त किया जाता था।
शिष्य बड़े ही तप औ' त्याग से
विद्या प्राप्त किया करते थे।
जिसका प्रमाण भगवान राम,
जो गुरु वशिष्ठ की शिक्षाओं को
निज हृदय में धारण करके
मर्यादा पुरुषोत्तम बने हैं।
यहीं कृष्ण ने सांदीपनि मुनि की
विद्याओं से कुरुक्षेत्र में
धर्मपताका के हिताय हो

अधर्मी जगत का नाश किया था।
यहीं चन्द्रगुप्त ने निज गुरू की
शिक्षाओं से विश्वविजय का मोद मनाते
यूनान देश के गौरव को
अपने सिंह रव के द्वारा
भारत की देवादि वन्दित
परम भूमि से मार भगाया
हमें जिताया।
यहीं देश में
वीर शिवाजी महाराज ने
समर्थ रामदास को गुरु मानकर
तव शिक्षा से प्रेरित होकर,
नष्ट हो रहे हिन्दु धर्म को पुनः जिताया।
सकल समर्थक सेना से
औरंगजेब के प्रकोप में भी
हिन्दु साम्राज्य की नींव धरी थी।
इसी श्रृंखला में आगे हो,
परमहंस श्री रामकृष्ण को
अपने जीवन का गुरू मानकर
विवेकानन्द ने पश्चिम के अनेक देशों में
हिन्दुत्व की बात करी थी।
जिसको निज को उन्नत कहने वाला
वह बर्बर परिचम, आँख खोल
अचम्भा हो देखता ही रह गया।
यह गुरू तत्व सदा ही अकथ तत्व है।
कहूँ कहाँ तक?

मयूर पाण्डेय

16. विरह

जा चले जा, म्हारे गगन से मीत रै।

थारी बातें सुन-सुन के मैं,

बावरी हो गयी प्रीत रै।

जा चले जा, म्हारे गगन से प्रीत रै।

इस महल में कोई ना है

जो बुझावै प्रेम रै।

लोग तो सब यहाँ पर

देखे हैं थारी जात रै।

जा चले जा, म्हारे गगन से मीत रै।

हे प्रिये!

सुन बात म्हारी

तू है कौए की जात रै।

मेरे घर की मान कोयल

मिलन नहीं देखात रै।

जा चले जा म्हारे गगन से प्रीत रै।

खोल कर तू पंख अपने

चीर कर आकाश मण्डल

जा क्षितिज के पार तू भी

ना मिलेगा मिलन अब इँह पार रै।

जा चले जा, म्हारे गगन मीत रे।

प्रेम साँचा, मीत साँचा, पर न साँची जात है।

सुन प्रिये हे! जगत ये ही विधान सै।

जगत कैह्वेगा हम्हीं को
तोड़ी है मरजाद रै।
जा चले जा म्हारे गगन से प्रीत रै।
इसीलिए मैं हूँ बुझाती
त्याग कर तू इस जगत को
चले जा ऐसे इक संसार में
सब समझते हों जहाँ,
प्रेम की बात रै।
जा चले जा, भ्रमित इस संसार से।
जा चले जा म्हारे गगन से प्रीत रै।
दूर जितना तू रहेगा
उतनी तुझको न आँच रै।
मैं यही मानूँ सदा से
सुरक्षित तू सुरक्षित मेरा संसार रै।
मिलण होगा अब हमारा
गगन के उस पार रै।
जा चले जा, म्हारे गगन से मीत रै।

17. हीरक जयन्ती

हो गयी है पूर्ण भारत की हीरक जयन्ती आज
फिर भी नहीं हो पाया भारत में स्वर्णिम राज।
गूँजती है चतुर्दिक आज आहत प्राण गुंजन
जिसे सुनकर झूमता है धनी जन का मन
पर क्या झूमेगा उस दरिद्र का हृदय ओ' तन
कूदते हैं, उदर जिसके सहस्रों तीव्र मुषक गण?
पूँछता हूँ मैं दुःखी तन का क्या उठेगा हाँथ
शेष नहीं रही है रत्ती भर भी शक्ति साथ?
झूमती है ग्राम में हवाओं से फसल जन की
तुच्छ खादों से सड़ती है जड़ उसी पादप की।
टूटता है बाँध पचहत्तर वर्ष नद्योवेग सह कर
हारता हूँ मैं अकेला सभी दुःख-दर्द सहकर
मैं अकेला ही खड़ा हूँ, साथ जाने कब मिलेगा?
शायद साथ सत्ता हेतु पाँच वर्षों बाद होगा?
हारता जाता समर, है हृदय में कुण्ठा-निराशा
पर अभी जल रही है दीप की बुझती-सी आशा
मर भी नहीं सकता, हृदय में राष्ट्र बसता है।
इसी की वेदना पीड़ा समझते काल कटता है।
रो रहा हूँ मैं यहाँ पर रो रही कुण्ठा-निराशा,
रो रही कोटिश जनता अन्नहीन जो बेतहाशा।
लगता है भारत की धरित्रि का काल बदलेगा
राष्ट्र में बढ़ते दुःखी जन का हाल बदलेगा

सुनिश्चित करेंगें,नहीं होगा हुआ जो आज तक
काग कोकिल बना है, क्रौन्च उत्तम बना बक।
आया वह काल, छेड़ती कोकिला बासन्ती स्वर,
औ' उधर काग फिर कर रहा है परुष स्वर।
भर कटोरा दुग्ध-जल से, रखो उसे खग सामने
क्षीर-बिबरन जो करे, हंस है वह; बक सामने।
हटाकर उर का अन्धेरा, उज्जवल करें देश को।
समझते हैं काल की कठिनाइयों को आवेग को
अमा की कालिमा-बदली के बादल छट रहे हैं।
सहस्रों आस के पंछी लोक में उड़ते आ रहे हैं।

18. ॥ ठुमुकि-ठुमकि चलत हैं नन्दनन्दन ॥

॥१॥

ठुमुकि-ठुमकि चलत हैं नन्दनन्दन।
पाँव में पैजनियाँ बाजत छनन-छनन-छन॥
शीश पर काले-काले केश घुँघराले।
मस्तक पर तिलक प्रभु वैजन्ती डाले॥

॥२॥

मोर मुकुट मोर मोहन, मस्तक पे साजै।
यह छवि माधव जी की, शिव उर बिराजै॥
गिरिधर कृष्ण प्रभु बंसी कर धारै।
चढ़ि बाल बृन्द पीठ, सामने आ रहै॥

॥३॥

पुनि प्रभु शीलनिधि बंसी से मर रहै।
माखन मटकी टूटी गयी बाल वृन्द खा रहै॥
बालक माखन खात-खात कान्हा संग नाच रहै।

देखी दृश्य 'शिखी' छबि-सरिता नहा रहै॥

19. चीन

देखा है हमने, वीर! रण में राष्ट्र को।
रण की गाथाएं करती है क्षुब्ध हृदय को।
पर वीर ध्यान दो एक बात पर मेरी।
कर गहो शस्त्र जल्दी से हो जाए न देरी।
अब कुछ ही काल शेष है रणभेरी बजने को।
नाद गूँजेगा दशों-दिशा में लड़ लेने को,
अपनी पुरानी गलती हर लेने को,
जगति में नवल प्रशस्ति प्रकट करने को।
पिछली बार हम रण में हार गए थे
अपना मस्तक कटवाकर आ गए थे।
अबकी जब रण हो लड़ लेना है
अबकी विजयी होने का अवसरन देना है।
"भारती तुम्हारी माता हैं- यह याद रहे
भारती तुम्हीं से रक्षित हैं- यह याद रहे
सब सदातुम्हारे साथखड़े हैं- यह याद रहे
सम्बल सबका है साथ सदा- यह याद रहे।"
"हे वीर! क्षत्रिय! राष्ट्र के रक्षक!
हे साहसी! महान! अरि-भक्षक!
सुन लो एक करूण निवेदन मेरा मी
स्मरण रहे बजने वाली है रण-भेरी ।"
"जो घटा युद्ध में प्रथम उसे मत दोहराना
अन्तिम साँस तक शूरवीर लड़ते जाना।

अपनी बहना की राखी की लाज बचाना
हम सब के हित उन्हें नाकों चने चबवाना।"
"'वह है विराट्'- यह नहीं रही अतिश्योक्ति है
पर वह खल-अत्याचारी है, अति कपटी है!"
तुम सत्-पक्ष के वीर-व्रती योद्धा हो।
अरुणोदय होने के एक ही घोतक हो।"
"अत:, हे वीर! धीर हो लड़ जाना
उज्जवल भविष्य की सच्ची अलख जगाना।
अपनी माता-हित कार्य वीर कर जाना।
सदियों तिरंगा ऊँचा रहे यह भविष्य दिखाना।

20. ग्राम

नीले वितान में रक्त सूर्य की रक्त किरण
नीलाम्बर के नीचे वनस्पति की भीड़ सघन।
नीले ताल के ऊपर उड़ते खग अति सत्वर।
सकल पशु धीरे-धीरे निज-निज गृह-गत्वर।
गोधूली की बेला में चहकते जाते हैं बाल-वृन्द।
गोओं को ले जाते ग्वाले गाते हैं मधुर छंद।
ओसार में संग बैठे वृद्ध करते हैं वार्तालाप।
बाताती हैं स्त्रियाँ आँगन में, किया क्रियाकलाप।
कृषक भी लौटे हैं, अपने सिर पर हल धरकर।
सँझ-बाती धरती गृह-लक्ष्मी मुख्य द्वार पर।
बाँधकर गायों को गोशाला में, ओढकर दुशाला।
आ रही, बातें करती, हँसती गाती मधुर बाला।
उड़ रही है धूल मन्दर, अनिल की हो आरोहक।
बैठ कर उद्यान में मैं देखता दृश्य मनमोहक।
देखे यह दृश्य सुभग मिटे उसके उर का घाव
जो उत्पन्न हुआ हो उसे शहर से पा दुराव।
ग्राम यह सरल-भोला, नहीं देष का नाम
शीतल अभिराम रूप है, यह अविराम ग्राम।
जब कभी भी मायिक-जगत से हो दुख उर में
तुरंत ही आओ, कुछ दिन बिताओ इस पुर में।

21. वैक्सीन

चल रही थी सकल संसृति

लोक मंगल गीत गाते उत्सव मनाते।

अचानक आ धमकी एक विकृति

सहसा स्तब्ध जन मानस, सुख रहे जाते।

विवश थे हम, कैद होने की हमने दी स्वीकृति

उत्सवों के स्थान पर, शांति को अपनाते

जीवित रहने हेतु त्याग दी त्योहार-संस्कृति

वृद्ध-तरुण-बाल जीवन में उल्लास नहीं पाते।

हमारे समक्ष रह-रह उभरती आकृति

पिछले दिनों की जिनको अब नहीं पाते

क्षण एक रहती है खुशी फिर जागृति

हुई स्वप्न से और अब हम उसे नहीं पाते।

वसंत से हेमंत तक संपूर्ण वर्ष

हमने घर में ही देखा राष्ट्र का पतनोत्कर्ष

रहकर गृहों में ही किया सतत् संघर्ष

और अब सुना वैक्सीन आई सहसा हुआ हर्ष।

22. पिक

अभी तो कोहरा भी नहीं छटा
पिक! तुम यहाँ पर हो भोर में,
जगत तो अभी भी नहीं जगा
न डूबा गगन है अभी शोर में।
तो क्यों हो तुम यहाँ पर पिक
क्या नींद उड़ी है देख अमा-रात्रि
या नहीं दिखता तुम्हें कोई भी
घन तम को मिटाने योग्य पात्र?
सम्भव है तुम भी मेरी ही भाँति
बैठ कर आम्र-डाल पर इस भोर
प्रतिक्षा कर रही हो सुबह के सूर्य की
देख चाँदना गाओगी पंचम; हो विभोर।

23. आमावस

काली आमावस की रात

ठंडी हवा पश्चिम से चली।

कपकपाती वह देश को,

ठिठुरन बढ़ाती गरीब की।

मैं निकल गेह से,

देख रहा था,

आभास हो गया

यही देश की दुर्दान्त रात है।

जिसका सूर्य अभी

क्षितिज के पार भी नहीं ।

जिसकी कालिमा

ठंडी हवा संग मिलाती हाथ,

और अन्त करती,

प्राची में अरूणिमा की

संभावना का।

बड़ी निराशा हृदय छा रही

नहीं दिखता कोई मयंक ही।

जो सूर्यांश बन उजाला दे सके।

इस अमावस का अन्त ही नहीं क्या?

देखता हूँ मैं,

मेरा हृदय है धैर्य खोता

दुर्गा-शरण भी मैं नहीं

हो पा रहा हूँ।
मैं जगत-कल्याणी का
ध्यान करके मैं
बता रहा हूँ दूदान्त रात के कुछ दृश्य ।
देखा मैंने, सम्पूर्ण समाज का
अंग-प्रत्यंग सुसुप्त था।
सड़क के किनारे झुग्गी-झोपड़ियों में,
जो चार ईंटें जोड़कर पन्नी चढ़ायी है
वहाँ ठंडे पड़े चूल्हे के बगल
पूरा परिवार,
कंकाल बनकर सो रहा था।
जिनके घर नहीं थे,
वे सभी अपने ठेलों पर,
रिक्शों पर या
पेट को कोहनी से दबाए
नंगी सड़क पर
एक कमली या फटी चादर को सटाए सो रहे हैं- अचल।
कुछ जिनके नसीब में
इतने भी नहीं वे जागते हैं-
दूसरों को सुलाने को;
सचैन की नींद लाने को
मेरा अनुभव कहता था–
उन सभी की दशाएं हमारी
आजादी पर व्यंग हैं।
हाँ वहीं आजादी जो
हमें नहीं मिली।
पर जिसका प्रतिबिम्ब था

गोरे अंग्रजों से काले अंग्रेजों
को शक्ति सौंपना।
मुझे लगा जैसे वे पूछते हों;
जिनकी तुमने खुशी छीनी थी—
"कहो! हमारे स्वप्नों का
भारत कहाँ है?
कहाँ गया वह स्वप्न
जो रातों रात
अमीर बनाता है ?
एक स्वप्न जो
हमसब को
चाँद पर जमीन दिलाता है ?
उस एक स्वप्न का यथार्थ—
मेंढ़क को जुखाम हो जाता है।
कहाँ गया वह स्वर्णिम जगत
जिसका हर पाँचवें वर्ष पर
प्रतिबिम्ब प्रकट होजाता है?
पर खेद रहा
उस ५वर्ष का छोड़ा सा गड़्ढा
शतक लगाता जाता है।
मर गए मेरेकई पूर्वज
पर वाणी उनकी अमर रहेगी।
जब तक चिराग न
मिलता हर घर को
भारती प्रथम सोपान
न चढ़ेगी।
पूछता हूँ मैं, पूछते ये लोग—

"कहाँ गई हमारी वह रोटी
जो चूल्हा गर्म करेगी?"
ठंडे पड़ते उदरों में
ऊर्जा कब तक पड़ेगी?
बताओ!!
पूँछती जनता जनार्दन–
"अगर ७५ वर्ष वर्ष कम थे
तो हर ५ वर्ष पर दस्तक क्यों?" "कैसे ५साल बाद देश की
उन्नतिकाएक नया तरीका
इजात कर लेते हो?"
"यह बताओ कि मुर्गा फसाने के लिए
सोने की चिड़िया का पिञ्जरा क्यों दिखाते हो?"
'एक चिड़िया तक तो तुमसे सँभाली नगयी
और ना वापस लायी गयी।''विश्वगुरू के रास्ते को
कभी देखा है?'
"वह पथ कितने त्याग और
कैसी उत्कट राष्ट्रभक्ति
माँगता है ?"
अब सुनो–'देश'
यही वह शब्द है
जो हमें संसद के
सामने आने से
हमें रोकता है।
अन्यथा दिनकर के शब्द थे "सिंहासन खाली करो
की जनता आती है।"
परन्तु आशा है कि
अब भविष्य में कुछ होगा।

मयूर पाण्डेय

प्रियांशु का आगमन
अभय भारत का अभ्युदय
अचिन्त्य समाज में
अमन की स्थापना।
भारत के आदित्य का उदय।

24. गौरैया

आज भी जब बैठकर उद्यान में
मैं देखता हूँ वृक्ष वृन्दों की तरफ़।
याद आती है मुझे साँवले सपनों की
आज भी मैं हूँ अकेला, कल की तरह।
नन्हीं परी जो दूर देशों में थी उड़ती,
एक दिन उद्यान में भी आ पधारी।
छेड़ कर उस बाग में निज राग को
मज्जन कराती थी प्रेम सागर में सभी को।
सदा ही सब लोग हैं बोलते; छेड़ते हैं राग,
पर वह सदाही स्वार्थान्धता के लिए
उस परी के वाक कौशल के सरस आखर,
नहीं वे स्वार्थ के हैं; सभी परमार्थ के।
थे नहीं उसके अधर रत स्वार्थ में,
हेतु इस जो शब्द सुनता उसका,
सदा ही हृदय रहता है प्रसन्नता में
यह शक्ति शाश्वत् सत्य की सम्बल रही है।
जो ऊषा में वह प्राणदायी तान भरती
क्षण उसी अनहद गुँज अतल उर-उठती
पूर्ण वासर कार्य हेतु शक्ति भरती!
एक दिन सहसा पड़ी पथ पर पुकारी दे रही
अनभिज उससे जो हुआ था साथ उसके
हालात देखा; ले गया मैं वैद्य जी के पास।

"हे महोदय । कर चिकित्सा शीघ्र आप
दो मुक्ति नन्हीं सी परी को कष्ट से ।
कुछ काल के बाद आए चिकित्सक
दे गए कह, "यह लो अपनी परी।सब सही है।"
कहा–धन्यवाद।शीघ्र ही उद्यान में,
हरित विटप-वृन्दों के संग छोड़ आया।
चहचहाती वह विटप में जा छिपी।
जैसे सूरजमुखी का मुख सूर्य की ओर।
चहचहाती वह वहाँ उन्माद में
मैं खड़ा घंटों सोचता रहा उसके बारे में।
ऊषाकाल में अगले दिवस जब अकेला,
बेंचपर बैठा हुआ था, तान उसकी श्रवण करने।
समक्ष साक्षात् वह पधारी, और उड़ चली,
मानो कह गई धन्यवाद अपने मूक-भाष में।
और फिर यह सिलसिला चलता रहा।
वह आती देखकर, कर ज्ञापित कृतज्ञता
वह चली जाती वृक्ष वृन्दों में तान भरने।
शायद ही मानव स्वयं इतने कृतज्ञ हों।
फिर अचानक एक दिन, सूर्य की
प्रथम अर्चि नभ से धरा पर आपधारी,
पर नहीं थी तान, न कोकिला
मैं स्वयं उपवन सघन में जा घुसा।
और पाया मृत पड़ी वह भूमि पर; लहुलुहान!
वह प्राकृतिक मृत्यु नहीं थी मारा गया था
गोली से, शायद! शिकारी पार नहीं पाए
चले गए थे वे निरंकुश, दूर अंधेरे में।
पर परी भी जा चुकी;अब न लौटेगी!

अब उसकी झंकृति सेन गूंजेगा यह गगन
और ना होगा कलरव से मन मगन।
जब भी मानव अपनी बर्बरता को याद करेंगे
प्रथम स्थान पर इस घटना को रखेंगे।
मैं आज भी रोज आता हूँ उद्यान में
सोचता कि यह न हो उन्हीं परी।
पर आस का पंछी अबउड़ चुका है
दूर! बहुत दूर!! शून्य के उस पार।

25. नववर्ष

(चैत्र नववर्ष)
आया देखो यह वर्ष नवल
प्रकृति पुनः लगती शीतल।
जैसे जन्मी हो अभी प्रकृति
जीवन आरम्भ की हो आकृति।
देखो दश दिशी ऋतुराज प्रबल
देता प्रकृति रूप को सम्बल।
नव किसलय तरु शाखाओं पर
नव पुष्प खिल रहे राहों पर।
नव खग-वृन्दों की गुञ्जन से,
कोकिल की कोमल कूकों से
धरती है आज प्रसन्न अति,
मन ही मन में रहती सस्मित।
है प्रकृति सृजन हो रहा पुनः
जीवन का उदय हो रहा पुनः।
है आज पुनः नव वर्ष सृजन
जब प्रशमित हो मानव का मन।

26. लॉरेंस की गौरैया

(डी. एच. लारेंस के जीवन से निःसृत-उनके जीवन
के गौरैया प्रेम पर एक कल्पना- जो स्थूल तथा
सूक्ष्म जगत के अस्तित्व पर प्रकाश डालती है।)

एक दिन छत पर चढ़ा
लॉरेंस देखता चारों तरफ़,
थी अनुपस्थित वहाँ पर
खोजता फिरता उसे चारों तरफ।
कहता, 'हृदये! तू है कहाँ?"
आज वह लॉरेंस था अकेला
अकेले बैठ बोझिल हृदय से,
याद करता नन्हीं सखी को।
वह मर्त्य थी, (पर) मानव नहीं
वह जीव थी,(पर) ज़ालिम नहीं।
वह विहग थी दानव नहीं।
वह रोज़ मिलने आती रही।
पर आज है अन्जान लॉरेंस
क्यों नहीं आयी वह वहाँ पर
साथ में बैठने के लिए,
जैसा वह सदा किया करती थी।
शायद वह आज अपना मार्ग भटक गयी थी।

शायद उसे कोई नया दोस्त मिल गया हो।
शायद उसके माता-पिता की
इच्छा से उसकी शादी हो गयी हो।
अथवा वह नन्ही खग
मानव की बर्बता का
शिकार हो गयी हो।

27. विदुर कब बोलोगे?

सहस्त्रों वर्ष के पश्चात
फिर हुआ आगाज़।
बहू-बेटी-भगिनी के
उर बसा संत्रास।
अब एक अन्तिम आस –
विदुर कब बोलोगे?
माँस-मदिरा को समर्पित
जिनकी जवानी।
बेंच दी जिसने स्वयं की
सरफरोशी की तमन्ना।
अब उन्हीं के सामने
हो खड़े, हे बड़े!
विदुर कब बोलोगे?
स्वयं शर को हाथ धरकर,
गांडीव पर टँकार दोगे?
कुरुक्षेत्र में पांचजन्य की
अभय आवाज़ दोगे?
धर्म की पावन ध्वजा
को बचाने के लिए
हे विदुर! अपना मुंह कब खोलोगे?
विदुर कब बोलोगे?

मयूर पाण्डेय

28. आस का पंछी

साँझ की बेला बहे पुरवा,
गगन धन मेघ लोहित
सूर्य की अर्चि गगन में छा गयी है।
आ रही अम्बर वृहद से
इस धरा पर सूर्य अर्चि,
कर रही आलोकित धरा को
अभिक्षिप्त है जो तम वृहद से।
पर पूर्ण हो गया वह काल
जब सूरज पुनः जा छिपेगा
क्षितिज के उस पार
और इस लोक में होगा अंधेरा।
पर अचर-चर जग हृदय में
आस को संजोएगा।
और रात्रि को पार करने हेतु
उर में उजाले को वरेगा।
दीप्त हो उसका अयन
और हो उसका उन्नयन।
चाँदना की आस में वह
अमा के तिमिराञ्चल में भी
आशा के दीप
प्रतीक्षा के तेल से जलाएगा
अंततः परिणाम सुखद होगा

मयूर पाण्डेय

उजासे को वह पाएगा।

❦❦❦

29. खड़िया

गुरु के कमलकर की लेखनी है
छात्र के भाग्य को उज्जाल दण्ड है
श्वेतवर्णी-रूप, अङ्गुलि-भर माप है इसका।
छात्र के तममय भाग्य को उज्ज्वल बनाती।
है बालकाल की उत्तम लेखनी।
लघु कद है परन्तु
मिटा देती तम के तन्तु–
हो गणित या विज्ञान
साहित्य या इतिहास ज्ञान
आंग्ल या भूगोल हो
या कोई अन्य विषय हो।
है गुरू की, यह सहायिका
कक्षा की है ज्ञान दायिका।
शिक्षक के शब्द को लिपिबद्ध करती
छात्र को ज्ञान देती घिस-घिस मरती
खड़िया है नाम इसका
लिखना है काम इसका
पढ़ाना हैकाम जिसका
उस गुरु की यह सहायिका।
अतः अब स्तब्ध कर कविता
जाता गुरु के पास जो है ज्ञान सविता।

मयूर पाण्डेय

30. कविता

कवि-उर-भावना का स्वयं में स्राव लेकर के।
स्वरों में सुधार संदेशों का बहाव ले कर के
पतित को तारने हित नदी में नाव लेकर के
सुरभि बिखेरती है सुभग सद्भाव लेकर के।
उदित होता है सूर्य पूर्व में अर्चि बिछाकर के
उदित होती है कविता जगत दुःख देखकरके।
मलययुक्त वात होती है कर्पूर को जब जलाते हैं
कवि भी रचा करताता है जगत जब दुख दिखाते हैं।
अकेला आस होता है, अंधेरे में दीप छोटा सा
कविता आशा जगाती है, जब जग किंशुक सा।
मीलों चले बटोही को, जलता दीपक बुलाता है।
'यहाँ तक आए, और जाने को'- याद दिलाता है।
थकावट के कारण रुकने भटकने से बचाता है।
छोटा सा दीपक– रात का सूरज हो जाता है।
सुबह होने का आधार, आशा का उद्भव होता है।
यही कार्य स्वयं कविता सलोनी भी निभाती है।
जगत के हेय ध्येयों से मानव को छुड़ाती है।
कविता क्रान्तिवीरों हेतु दीपक स्वयं बनती है।
अत्याचार अनैतिकता के सामन तनती है।
पीड़ितों को ममता के अंचल में छुपाती है,
सही-गलत कहने का स्वयं साहस दिखाती है
दबे-कुचलों को प्रेम की धारा से नहलाती है

अन्यायियों के विरुद्ध बिगुल भी बजाती है।
जगत निर्मूल है नहीं, यहीं से सब कमाना है।
सत्य का अन्वेषण कर जीवन-लक्ष्य पाना है।
यहीं पर कहती है व्यथित-व्याकुल-सी कविता।
जरा नयनें उठा देखो, बहती कविगण सरिता।
तुलसी, सूर कबीर सब सत्यदर्शी हैं।
तब भी काव्य उनके आज तक मर्मस्पर्शी हैं।
सकल कवि इस जगत को स्वच्छ करते हैं।
कारण है यह कि वे भी इस जग में रहते हैं ।
सभी कुछ सत्य-सुन्दर हो, वेदों का सन्देश है।
भीतर बाहर स्वच्छता हो सर्वत्र यह संदेश है।
यही कार्य कविता भी अहरह करा करती है।
शरणागत-वत्सल शत्रुओं का संहार करती है।

31. कोरोना में पलायन

हमारे लोक में आई

एक विपदा बढ़ी भारी।
कहा विद्वानों ने
यह है महामारी।
कोरोना नाम रख कर
हमें आगाह कर दिया।
हमारी ही सुरक्षा को
हमें ही कैद कर दिया।
कुछ है धनी जन जो
सम्पन्न सुख से बसते थे।
कभी भी वे नहीं
दो जून रोटी को तरसते थे।
परन्तु हाल तो देखो
हमारा क्या हुआ है, प्रिय!
न हाथों में दो रोटी है
न है सन्तोष हमारे हिय।
और होगा भी सन्तोष कैसे
यह बताओ बात हमको।
न शेष है पैसा
न है नौकरी ही हमको ।
बरसों पहले हमनें भी
शहर में जी लगाया था।

थोड़ा-सा धन कमाने को
गाँव त्याग आया था।
अब हमें देखो सरकारों,
तुम्हारे द्वार आए हैं
तुम हमारे होओ सहायक
दुआएँ साथ लाए हैं।
परन्तु याद है हमको
तुम सोते ही रहते हो
हमारी सेवा करने को
तनिक करवट न लेते हो।
इसीलिए जा रहे हैं सब
स्वयं के गाँव को फिर से।
न राको अब हमको
तुमसे निराश हैं फिर से।
हम अबकी तो जाते हैं
स्वयं चलकर के गांवों को
हज़ारों मील चलकर के
थके-टूटे ही गाँवो को।
परन्तु याद रखना प्रिय!
हम फिर से लौटेंगे
हमारे साथ जो हुआ
उसका हिसाब पूँछेंगे।

32. पाणिनि

नव-पञ्च नाम पर महेश्वर के
स्वयं ही पी लिया अमृत परम।
शिव-सूत्र जालों को बना आधार
रचा थोड़े काल में व्याकरण का चरम।
हे पाणिनि! प्राण हैं आप
संस्कृत व्याकरण महान के।
हे पाणिनि! आधार हैं आप
भारत के विस्तृत ज्ञान के।
गर्ग, गावल, भरद्वाज का
व्याकरण भी घोट डाला।
सूत्रों से सूत्रों को मिला
अष्टाध्यायी स्वयं बना डाला।
संज्ञा-क्रिया-समास का
फिर कारकादि विधान का।
श्लाघ्य है कार्य आपका
वन्दित समाधान आपका।
हे पूर्वज! कर रहा हूँ नमन
सरस्वती ज्ञान दान दें
आपका यश-गान सदा हो
ईश्वर संस्कृत को प्राण दें।

33. विद्यालय में स्वच्छता

कभी देखो नयन को उठा सहृदय

देखो वातावरण हुआ कितना निर्दय

जब एक समय शीतल अनिल चलता था

जब प्रशमित नदी का बहाव बहता था।

तब इंदीवर-सा छलकता था समाज

देखो कितना अनिष्ट वातावरण आज।

देखो समझो कारण इसका क्या है

बुझो-बुझो वारण इसका क्या है?

दूर नहीं विद्यालय ही देखो निंद्य

कल तक था जो समाज में वंद्य।

देखो भूतल पर जो गिरी है निंद्य वस्तु

उसका वारण हो हमसे आज अस्तु।

क्या गिरे कचड़े का वारण वेतनमान करें?

क्या नहीं हमारा धर्म की हम यह कार्य करें?

क्या अनुशासन ऐसा ही कुछ कहता है?

यदि नहीं तो समाज कूड़ा

उठाने में शर्मसार क्यों होता है?

क्या नहीं धर्म कि बनाएँ विद्यालय को स्वच्छ

अगर हाँ तो स्वच्छ बनाएँ हम परिसर कक्ष।

चाहे कक्षा हो या खेल मैदान

चाहे पुस्तकालय हो या शौचालय

स्वच्छता संभल करना कर्तव्य सही

विद्‌यालय को स्वच्छ रखने की बात यही।
आह्वान करता हूँ मैं तुम्हारा
चलो स्वच्छ बनाएं
विद्‌यालय को जो है हमारा।

34. राघव

राघव तुम मुझे लाघव समझते जा रहे हो
दक्ष हूँ नहीं पर पक्ष वरते जा रहे हो
मैं तुम्हारे कमल-कर की कलम हूँ
मैं तुम्हारे हाथ की कठपुतली हूँ।
क्यों इस भाँति पक्ष धरते जा रहे हो
राघव! क्यों मुझे परखते जा रहे हो
क्यों बीच सागर ला हटाते हाथ हो तुम
गुहारें दे रहा हूँ कहाँ पर नाथ हो गुम
आओ राघव लाघव वारण कर क्लेश दीर्घ
ले आओ मुझे निज धाम, हे बाहू-दीर्घ!
शीघ्र आओ! साथ लाओ रघुपति सिया को।
शेष को, शत्रुघ्न को, भरत को
हे अंधकार के विनाशक ज्ञानकुंज
हे राघव बसो मेरे हृदय के करील कुंज
आज आओ गेह गत्वर प्रतीक्षा परम
हे राम! आओ शीघ्र आओ! तुमसे आशा परम।

35. हिमालय

माता के मस्तक के किरीट
उत्तर दिशा के रक्षक भूधर
हिम से आच्छादित हे गिरिधर
तुम लगते हो कितनी सुंदर।
शिखरों पर हिम है घनीभूत
उन से बहती नदियाँ अनेक
कल-कल बहती नदियाँ करतीं
संपूर्ण राष्ट्र का जलाभिषेक।
ऊपर विशाल भूधर तेरे
उत्पन्न हुई औषधियां अपार
उत्पन्न हुआ उनसे ही तो
संपूर्ण आयुर्वेद सार।
आपको मिला यह सुख गिरिवर
करते हैं शिव निवास कैलाश
रमते हैं वहाँ सिद्ध मुनिवर
शिव करते उमा संग निवास।
कर के कामदेव को दग्ध
तोड़ते जीव का मोह पाश
फिर जगती में करके तांडव
करते हैं जग का वे विनाश।
डम-डम डमरू के स्वर से
पाकर प्रसाद पाणिनि ने

रच दिया अष्टक व्याकरण का
प्रेरित हो शिव की शक्ति से।
जाह्नवी जटा से बह करके
पोषित करती हैं भारत को
सुचिता से अपने वे हमको
पहुँचाती हैं बिरजा के पार।
जपते हैं राम नाम को शिव
फिर बैठ उसी गंगा तट पर
कल्पों तक रह कर एकासन
नीचे रह कर के वट-तरुवर।
हे शैलेश्वर! आपने ही
हम सबको सीख सिखाई है
हर परिस्थिति में डट कर के
रक्षक की भूमिका निभाई है।
अर्बुद वर्षों तक रह अडिग
रक्षा करते हैं भारत की
आक्रमण अनेकों रोके हैं
आपने अपने वक्ष से ही।
हिमवान्! आप सिद्धों के गृह
कंदराओं में ज्ञानी रहती हैं
वे सब मुक्ति के आकांक्षी
अहरह ध्यान में ब्रह्म-भेजते हैं।
शंकराचार्य द्वारा पूजित
हे विप्र वंद्य हिमांचल
हे भारत माता के किरीट
संस्कृति-सागर के मंदरांचल।
मथ कर तेरे ऊपर ही तो

उत्पन्न हुई हैं वेद ऋचा
स्वयं आदियोगी ने दी
सप्त-ऋषियों को तुझ पर दीक्षा।
इस हेतु हृदय में श्रद्धा भर
करके आपको मैं प्रणाम
हे जगतवंद्य भूधर सुंदर
करता हूँ मैं लेखनी विराम।

36. जल

अमृत कहाँ इस लोक में
यदि है नहीं परलोक में
यदि है नहीं पाताल में
क्या नहीं तीनों काल में
वह है कहाँ पर सुधा
जो धरी थी अलकापुरी
वह है कहाँ अमृत परम
प्रयाग काशी या पूरी
यह नहीं है सच की धरा
अमृत है स्वर्ग में
या फिर छुपा सागर में
बंद है वह किसी गागर में।
यह भी नहीं है सच की
अमृत है सर्पों के पास में
यदि होता वह द्रव्य तो
क्यों भागते जीवन-आस में
फिर है कहाँ पर वह सुधा
अनभिज्ञ सब इस बात से
पर साथ है सदा अमृत
हमारे पास में।
अमृत सदा से ही रहा
सुरक्षित अंबु में है

और भी स्पष्ट कह दूँ
अमृत ही तो अंबु है
हे पाठक! समझो बात को
जल से ही सारा जीवन है
यदि बहा दिया यह जल
फिर नहीं चल सकेगा जीवन।
इसीलिए कह दूँ फिर फिर
जल का संरक्षण जरूरी है
यदि नहीं समझ पाए अब भी
तो उस दिन की अब न देरी है
जब भटकते यह सब लोग लोक
पानी पानी चिल्लाएँगे
तरुण, प्रौढ़, वृद्ध, और स्त्री
बच्चे भी फिर बिल्लाएँगे।

37. कुम्हार

रखकर चाक पर माटी
चलाता हाथ से अपने
दबाकर उसे संवार देता है
कुम्हार अनुभव से अपने।
सर्जक है कुम्हार भी
जो नवसृजन करता है
माटी को सान करके
जगत को कुम्भ देता है।
फिर ढांचा बना करके
उसे भट्टी में जलाता है
पूनः उसको सजा करके
जगत में बेंच आता है।
परंतु यदि वही माटी
दूःखी होकर इठल जाए
तो कैसे माटी से
कोई बर्तन बना पाए।
गुरु भी कार्य करता है
शिष्य को वह बनाता है
भीतर से हाथ रखता है
बाहर से चोट दिखाता है।
यहीं पर यदि शिष्य भी
बिखर कर टूट जाए तो

कैसे वह जगत में फिर
प्रखर हो झूम पाएगा।
वहीं पर आग की अंगार से
यदि वह दहल जाएगा
जगत में नवल कीर्ति
कैसे वह बना पाएगा?

38. बालश्रम

एक नहीं, दो नहीं हजारों
गाँवों से, शहरों से
आते हैं छोटे-छोटे हाथ
काम करने।
चाय की दुकान पर
कुल्हड़ पकड़ने
बड़े-बड़े होटलों में
बर्तन साफ करने।
धूम-धूम घाम-बदली
सामान को बेचने
स्वयं बालक होकर भी
खिलौने को बेचने।
कभी शाम खड़े होकर
बालक भी देखते हैं
बालश्रम के खिलाफ लोग
नारे लगाते हैं।
पर करें भी क्या?
रात को पिता जब
पैसे गिनने आएँ।
फिर सुबह सभी बालक
रोज की तरह काम पर जाएँ।

39. कहीं दुख-कहीं सुख

वर्षा हो रही है फिर
गरजते मेघ हैं अति घन
टिप-टिप चल बरसता है
दमकती दामिनी हर क्षण।
पुनः जग सुख मनाता है
जहाँ पर हरियाली है।
परंतु मरुस्थल फिर दुःखी
जलद खंडों से खाली है।
जहाँ हो हरे-हरे तरुवर
जलद भी झूम उठते हैं
सदा मरुस्थल की भूमि तो
जलद-गर्जन को तरसते हैं।
यही है सत्य जग का भी
सुख भी वहीं होता है
जहाँ पर जन सुखी हों सब
सुखद क्षण वहीं होता है।
तो दूसरी और देखो तो
दुखों की बाढ़ आई है
न है सुख की कोई आशा
हताशा ही तो आई है।

40. झरोखे

क्या हवा आने के लिए हैं
हमारे घरों में झरोखे?
या इसलिए कि
हमारे घरों में लोग देखें?
सोचता था मैं यही कि
खिड़कियों से हवा आती है
और मन बहलाने को
कुछ दृश्य देखे जाते हैं।
परंतु गलत था
मेरा अनुमान यह भी
पर पहुँच पाया हूँ
इस नतीजे पर फिर भी।
यही कि झरोखे होते हैं
कि समाज के लोग झाँकें
और फिर घर की कहानी
रोज समाज में बाँचें।

41. अद्वैत

सब है एक, कुछ दो नहीं
जो दो कहते हैं वे मृषावाचक
सत्य से किंचित परिचित नहीं
वे मात्र संसार को द्वैत कहते हैं
परंतु सत्य यह है कि संसार
एक ही है। संसार में
जल एक ही है;
उसे तालाब, कुओं, पोखरों,
नदी, झरनों में बांट देते हैं
परंतु इन सबके भीतर
एक ही जल है।
ऐसे ही पवन एक है
कुछ जीवों के भीतर
तो कुछ जीवो के बाहर
पर भीतर बाहर एक ही है
अनिल है एक सदा से ही।
ऐसे ही अग्नि एक है
सभी चूल्हों में देखो
सभी घटों में देखो।
सबके भीतर वही ज्योति है
ज्योतित हैं हम सब उससे।
ऐसी ही आकाश एक है

ओंकार शब्द से गुंजित
न इस को भी बाँटो
तारों-ग्रहों के बीच।
पृथ्वी भी तो एक तत्व है
कुम्भकार को देखो-
मिट्टी जल से सान-सानकर
आकार उसे देता है
फिर उसको भट्टी में डालकर
ठोस बना देता है।
किंतु क्या कुछ भेद धरा है
मिट्टी का मिट्टी से?
ठीक ऐसी ही ब्रह्म तत्व है
वह पंचतत्व का स्वामी
स्थूल शरीर बनाता है
फिर उसमें निज शक्ति डालकर
जीवित करता है।
अब भी क्या कुछ फेर धरा है
जीवों के घट घट में
सब में है ज्योति ब्रह्म शक्ति से
इसीलिए मैं कहता हूँ
निरर्थक है घट-घट में भेद करना
सब एक हैं।
अद्वैत।

42. दशहरा

हर वर्ष हमने माह भर
देखी रामलीला जी भर कर
परंतु एक भी शिक्षा न ली
उस नाटक से।
दशहरा के दिवस हमने
मनाई विजयदशमी
श्री राम ने जीता रावण को।
परंतु क्या कभी हमने
मर्म समझा इस दिवस का?
रावण था अन्यायी,
आतंकी, अधर्मी।
उसे मारा राघव ने
उत्तम किया।
दुष्टों का विनाश
धर्म की स्थापना
साधुओं की रक्षा
परंतु हमने बस जलाया
झाड़-पत्तों से बने
पुतले को।
कभी नहीं निहारा अपनी तरफ
कि रावण आज भी
एक नहीं, दो नहीं,

सभी के करोड़ों हृदयों में
बैठा अट्टहास कर रहा है।
उसका हास बंद करने का
सही समय आ गया है।
चढ़कर बीस-गुण-युक्ता
रथ पर धर्म के खड़े होकर
हाथ में ले धर्म के
दस गुणों के शर
कोदंड पर संधान कर चलाओ
रावण की तरफ।
और फिर भक्ति शर से सोख लो
नाभिका का अमृत– जो परम
कल्मष को बचाता है
पुनः जीवित करता है।
तभी तुम भी
सत्य-शाश्वत अर्थों में
दशहरा मना पाओगे
श्री राम की वंदना
करने योग्य हो पाओगे।

43. होली

प्रतिवर्ष वसंत में
जब स्पंदित हो
हर जन का मन
तब एक दिन होली पर
उल्लास से रात को
हम होलिका जलाते हैं।
असली नहीं,
वह तो जल चुकी
प्रहलाद को जलाने की
चाह में।
हम जलाते हैं
उपल, पियरा, तृण,
झाड़-झंखाड़ से बनी प्रतिमा
फिर अगले दिन गाते गीत,
मृदंग, ढोल, ढपली, तालियों की थाप पे।
उत्सव मनाते, नाचते।
पर क्यों ?
क्या हमने हमारे उर में
बसी होलिका,
जो माया की प्रतिबिंब है,
उसे जला दिया?
नहीं। नहीं जलाया।

पर आवश्यकता है कि
हम पहले जलाएँ
अपने भीतर की माया
जो सभी संसार की
अनैतिकता का मूल है।
जब वह जल उठेगी
अनल से, तब ही हमें
चरु मिलेगा।
जो सर्वथा पवित्र है
पावन अग्नि के स्पर्श से
फिर हम सुखी-समृद्ध होंगे।
फिर हमें एक दिन की
आवश्यकता न होगी
सुख मनाने के लिए।
हम सदा ही उत्साह में
नाचेंगे-गाएँगे,
मौज मनाएँगे।
तालियों की थाप पर
ढोल, मृदंग के साथ।

44. विवाह

प्रेम का सूत्र है
यह दो शरीरों का नहीं
दो आत्माओं का मिलन
जो प्रणय करके एक होती हैं
जन्म जन्मांतर तक।
विवाह एक ऐसी रीति
समाज को बांधती है
प्रणय के धागे में सदा के लिए
व्यवस्था कायम करती है।
लोग आते हैं आहार लेकर
साक्षी बनते हैं सात फेरों के।
प्रथम पुरोहित अग्नि भी
साक्षी होते हैं– प्रेम प्रणय के
आशीर्वाद देते हैं लोग
सदा सुखी रहने के।
विवाह भौतिक साधनों की
पूर्ति नहीं है,
अपितु पूर्ति है
आध्यात्मिकता की।

45. बचपन

हे जीवन! तुमने मिलकर काल के साथ
ले लिया मेरा प्यारा बचपन अपने हाथ
ले गए मेरे बचपन की खुशियाँ
रह गई केवल प्रेमपूरित कुछ यादें।
वह काल था ऐसा
जहाँ कोई दुःख न था
कोई समस्या न जीवन की
सदा सुख में ही मन बसा था।
परंतु आज है जीवन कठोर
हमको एक क्षण न देता है
निरत प्रतिक्षण चलने को
सख्त आदेश देता है।
दिखाते हैं दुनिया को सुखी है हम
परंतु सत्य यह है कि भ्रमित जग है।
व्यक्ति स्वयं चाहता है एकांत
जीवन की भागदौड़ से।
परंतु यह संभव है नहीं इस जगत में
सम्भव है तभी प्रफुल्लित होना
जब बचपन लौट आये
जो काल के विरुद्ध है; संभव नहीं।

46. नारी

एक थी बालिका
उसे सदा बताया गया
तुम लड़की हो।
पहले तुम्हारा भाई
फिर तुम हो।
परंतु फिर वह
बड़ी हुई ब्याह आई
उसे एक बेटी हुई।
मगर उसने कभी न
बोला बेटी से कि
तुम हो एक लड़की,
हो कमजोर, हो अबला।
उसे बताया तुम हो नारी।
समाहित ब्रह्मांड की है
शक्ति सारी तुम ही में।
ज्ञान की देवी सरस्वती हो
धन की देवी लक्ष्मी हो
शक्ति की देवी दुर्गा हो।
सृजन का उद्भव तुम्हीं से
ब्रह्मांड का पालन तुम्हीं से
और उस ब्रह्मांड के
अधर्मरत तत्वों को

संघारती हो।
मनुष्यों में–
ज्ञान में गार्गी हो
रोमशा हो, लोपामुद्रा हो।
सतीत्व में सीता, सावित्री,
दमयंती हो।
मातृत्व में कौशल्या,
अरुंधती, शबरी हो।
भगतिनों में मीरा हो
अक्क-महादेवी हो।
शक्तिशाली हो,
मणिकर्णिका, अहिल्याबाई हो
चेन्नम्मा हो, रानी गाइदिन्ल्यू हो।
तुम एक नारी हो
सबला हो
ब्रह्मांड की शक्ति हो।

47. चाँद देखता है

चाँद देखता है सदा से धरित्री को
वह ललचता था कभी !
उसके ऊपर भी कोई संसार हो।
उपजाऊ नहीं है वह
पर सृजन का तृण हो उसके ऊपर।
पर विगत दो सदी से
टूटा हुआ है देखकर धरती की व्यथा,
दुखी हुआ है। वह देखता है मानवों को
तरक्की के नाम पर संसार में संघार को।
व्यथित है वह पर
जरा खुश भी हुआ है
उसके ऊपर संसार है ही नहीं
यदि होता तो उसकी भी
यह दुर्दशा हो गई होती।

48. शिक्षा

शिक्षा है वह अस्त्र
जिससे संसार में
क्रांति की जा सकती है।
पतित होते देश में
उत्थान की आशा
जगाई जा सकती है।
परंतु आज देश की
शिक्षा को देखो
वह पतित है।
में कॉलेज की
शिक्षा व सताती है।
नहीं रखती है वह
बालकों के हृदय में
एक नवल संसार को
जिसमें वे बिछड़ा न करें।
नहीं वह आती है
जिज्ञासा को नहीं कभी
विकसित करती है
सोचने की क्षमता।
उत्पन्न करती है
बस डिग्री धारकों को
नहीं विज्ञान के अन्वेषणों को।

इसलिए उसको हटाकर
आवश्यकता है लाने की
एक ऐसी प्रणाली जो सर्वथा
भारतीय मान्यताओं पर
आधारित हो।

49. अनुभव

जीवन शिक्षा देता है जीने की
संसार में परिपक्व होने की
परंतु आज का समाज ऐसा है
वह नहीं देता अवसर हमें कि
हम सीख जाएं अनुभव अनोखे।
वह तो बस अपने कुछ सिद्धांतों में
झगड़ कर रखता है सभी को।
कुछ बन जाते हैं सिद्धांतों के प्रहरी
जो नवल क्रांति को रोकते हैं।
परंतु क्रांतिकारी स्वयं शिक्षा ले
जीवन की उतरते हैं समाज में
क्रांति लाने को अनुभवों की।

50. आईना

क्या आईना होता है
श्रृंगार के लिए?
सजने सँवरने के लिए?
नहीं! वह तो
भौतिक आईना है
वह तो बाहरी सौंदर्य
ही दिखाता है।
परंतु एक आईना
भीतर भी होता है
जो हमेशा हमें
भीतर का संसार
दिखाता है।
आत्मा समीक्षा करवाता है
परंतु हम उस कमरे की
बत्ती जलाना भी
मुनासिब नहीं समझते
जहाँ वह आइना हो।
क्योंकि हम आत्म-समीक्षा नहीं चाहते
हम चाहते हैं बस स्वतंत्रता।
नहीं उसे स्वच्छन्दता कहते हैं
जो नैतिकता को भी न देखें।
इसलिए तो हम आईना भी नहीं देखते

क्योंकि हमें हमारे
मन का देवता बनना है।
हम डरते हैं सत्य के
सामने आने से
बस जो मन करे उसे करें
बिना किसी की चिंता करें।
पर यह गलत है
नैतिकता का विद्रोह
समाज को अपंग बनाता है।
परिवर्तन होना चाहिए
क्रांति रोकी नहीं जा सकती
मैं रोकनी चाहिए
लेकिन मूल सिद्धांतों
के हटते ही
संसार नष्ट हो जाएगा
ज्ञान का प्रकाश
लुप्त हो जाएगा
इसीलिए हमें हृदय में
ज्ञान का प्रकाश कर
समीक्षा करनी चाहिए
आईने के सामने।

51. इतना चले क्यों?

इतना चले क्यों?
यहाँ बैठने के लिए अकेले में?
या फिर संसार में
अपनी पहचान बनाने के लिए?
यदि पहचान बनाने के लिए
तो उठो जागो और आगे बढ़ो
तब तक जब तक कि
तुम्हें तुम्हारे क्षेत्र का
क्षेत्रज्ञ ना कहा जाए।
अभी भी समय है
आगे बढ़ने का
बढ़ोगे तो विजय पाओगे
अगर कदम नहीं बढ़ाओगे
तो पीछे ही छूट जाओगे।
तो उठो आगे बढ़ो
तब तक जब तक
लक्ष्य न प्राप्त हो।
तुम्हें सिंहासन न मिले।